THE LANGUAGE GYM

# EXTRANJEROS

## BOOK 1

## UN CHICO MISTERIOSO

THE LANGUAGE GYM

**SECOND EDITION**

Imprint: Independently Published

Edited by:
Carlota Seriñá Viguer & Roberto Jover Soro

# About the authors

**Tom Ball** is head of the World Languages faculty and teaches French and Spanish at a leading international school in Malaysia. He is an experienced teacher and veteran faculty leader with 13 years of experience, ranging from the UK, the USA and now Malaysia. An avid writer, his stories are inspired by years of traveling and working around the world, including stints as a melon picker in the South of France, a deckhand in Papua New Guinea, and a wine merchant in London. He lives with his wife, Carlota, his son, Dacho, and their two cats in Kuala Lumpur. Tom has a passion for crafting intriguing story lines, writing witty prose, and creating dynamic characters that jump off the page and come to life. His teaching career, with a proven track-record ranging from Primary to A-Level, allows him to pitch the language at a level which creates challenging, engaging, but also student-friendly academic resources.

**Dylan Viñales** has taught for 15 years, in schools in Bath, Beijing and Kuala Lumpur in state, independent and international settings. He lives in Kuala Lumpur. He is fluent in five languages, and gets by in several more. Dylan is, besides a teacher, a professional development provider, specialising in E.P.I., metacognition, teaching languages through music (especially ukulele) and cognitive science. In the last five years, together with Dr Conti, he has driven the implementation of E.P.I. in one of the top international schools in the world: Garden International School. Dylan authors an influential blog on modern language pedagogy in which he supports the teaching of languages through E.P.I.

**Gianfranco Conti** taught for 25 years at schools in Italy, the UK and in Kuala Lumpur, Malaysia. He has also been a university lecturer, holds a Master's degree in Applied Linguistics and a PhD in metacognitive strategies as applied to second language writing. He is now an author, a popular independent educational consultant and professional development provider. He has written around 2,000 resources for the TES website, which have awarded him the Best Resources Contributor in 2015. He has co-authored the best-selling and influential book for world languages teachers, "The Language Teacher Toolkit", "Breaking the sound barrier: Teaching learners how to listen", in which he puts forth his Listening As Modelling methodology and "Memory:what every language teacher should know". Last but not least, Gianfranco has created the instructional approach known as E.P.I. (Extensive Processing Instruction).

# DEDICATION

**For Catrina**
- Gianfranco

**For Ariella and Leonard**
- Dylan

**For Dacho**
- Tom

# Acknowledgements

A big thanks to our friends and family for the ongoing support and patience while we work hard to produce these resources.

Secondly, our most sincere thanks and gratitude to our team of volunteer student readers: Yoo Jin, Smrithi Sankaranarayanan, Matthew Tang and Shriya Kalyan. Thanks to your eagle eyes we have ironed out plot holes, fixed some lingering typos, and also been able to fine-tune the difficulty level of the book.

A special mention, as always, to the fabulous MFL Twitterati community for their support and feedback throughout the creation process of this book.

Thank you to Carlota, Roberto and Inés for their time spent reading, re-reading, proofreading and editing this book.

Finally, a shout-out to Christopher Santos for his help in the final proofreading stages. Your contributions are greatly appreciated.

# Introduction

A teenage boy wakes up lying on the hot cobbles of a Toledo street. With no memory of who he is, nor why he is in Spain, he sets out on a quest to discover his own identity and purpose. Following a trail of tantalising clues through the picturesque backstreets of Toledo, he meets a cast of colourful characters, from the charming Valentina and the mysterious Hassan, to the menacing and elusive Álvaro.

In the **first part of a four-book series**, our protagonist searches for himself, but will he be happy with the person that he finds?

Conceived for, and with input from, iGCSE Spanish students, the **Extranjeros series** brings the iGCSE topic areas to life through an engaging and exciting mystery in one of the most beautiful locations in Spain. Thanks to its parallel texts which guarantee 100 % comprehensible input at all times; the repetition of key language items; the judicious use of cognates and choice of high-frequency vocabulary drawn from the 2,500 most frequent Spanish words, this book is ideal for learners in the A2-B1 proficiency band.

For further consolidation we recommend the accompanying activities workbook which provides a wide range of engaging word- and grammar-focused tasks designed to engage the learner at various level of processing of the text, i.e.: spelling, word-/phrase-recognition, grammar, syntax, meaning and discourse building.

# TABLE OF CONTENTS

THE LANGUAGE GYM

# CHAPTER 1

*Sam se despierta en Toledo... ¿Qué ha pasado?*

Me despierto. Hace sol. Mucho sol. Tengo calor y tengo sed. Estoy en el suelo…

5

Estoy en el suelo y me duele la cabeza.

«¿Dónde estoy? ¿Qué pasó?».
10  Abro los ojos. Hace un sol radiante hoy. Hay una chica. Es alta y rubia.

Me mira con cara preocupada.
15  Tiene los ojos azules, como el cielo despejado sobre mí. Me habla.

—Había un coche —dice con
20  un acento raro—. Un coche verde y luego... un accidente.

Me levanto despacio porque me duele mucho la cabeza. La
25  chica me ayuda.

—¿Cómo te llamas? —me pregunta.

30  —Me llamo... me llamo... — Intento recordar pero dudo un momento.

I wake up. It's sunny. Very sunny. I am hot and I am thirsty. I'm on the ground…

I'm on the ground and my head hurts.

*Where am I? What happened?* I open my eyes. The sun is bright today. There is a girl. She is tall and blonde.

She looks at me with a worried face. She has blue eyes, like the clear sky above me. She talks to me.

"There was a car," she says with an unusual accent. "A green car and then...an accident."

I get up slowly because my head hurts a lot. The girl helps me.

"What is your name?" She asks me.

"My name is...my name..." I try to remember but hesitate for a moment.

—Me llamo... Es que... no me acuerdo. ¿Y dónde estoy?

"My name is...it's... I don't remember. And where am I?"

—Estás en Toledo, en España
5 —dice la chica—. Soy Joanna. Te voy a llevar al hospital.

"You are in Toledo, in Spain," says the girl. "I'm Joanna. I'm going to take you to the hospital."

Miro alrededor de la plaza
10 donde estamos. Hay edificios históricos y el aire huele a carne asada.

I look around the square where we are. There are historic buildings and the air smells of roast meat.

Estoy en Toledo, España.
15 Joanna y yo no estamos solos. Hay más gente, todos con caras preocupadas.

I am in Toledo, Spain. Joanna and I are not alone. There are more people, all with concerned looks on their faces.

Todos salvo una viejecita que
20 me mira con ojos sospechosos.

All except an old lady who eyes me suspiciously.

—¿Un coche verde, dices? —le pregunto a la chica –Joanna– y me contesta que sí con la
25 cabeza.

"A green car, you say?" I ask the girl – Joanna – and she answers 'yes' with a nod.

—Y, ¿dónde está ese coche verde?

And where is that green car?

30 No lo veo. Ahora su cara parece enfadada.

I don't see it. Now her face seems angry.

—El coche se fue.

"The car left."

THE LANGUAGE GYM

3

Me coge del brazo y dice:
—Vamos al hospital. Tienes
que ver a un médico.

5 Pero yo no quiero ir al hospital.
No necesito ver a ningún
médico.

Tengo que saber por qué estoy
10 en Toledo. Quiero saber *quién
soy.*

Se me ocurre una idea y miro a
Joanna a los ojos.
15
—¿Soy español?

La chica sonríe. —No. Creo
que no eres español. Tienes un
20 acento raro… suena inglés.

—Inglés... —repito—. Pero
hablo español...
25
—Sí, yo también y soy alemana
—me contesta Joanna—. No
hablas español muy bien, pero
eso es normal si eres inglés.
30
—Es una broma —Sonríe otra
vez—. Hablas bien. Y ahora,
¿vamos al hospital?

She takes me by the arm and
says, "Let's go to the hospital.
You have to see a doctor."

But I don't want to go to the
hospital. I don't need to see any
doctor.

I have to know why I am in
Toledo. I want to know *who I
am.*

An idea occurs to me and I
look Joanna in the eyes.

"Am I Spanish?"

The girl smiles. "No. I think
you're not Spanish. You have
an unusual accent…it sounds
English."

"English…" I repeat.
"But I speak Spanish…"

"Yes, me too and I'm German,"
reponds Joanna."You don't
speak Spanish very well but,
that's normal if you're English."

"It's a joke." She smiles again.
"You speak well. And now, are
we going to the hospital?"

Me miro las manos, las piernas, los pies. Me toco la cabeza, los dientes –no sé por qué– y la cara también.

5

Todo está en su sitio. No necesito ir al hospital.

Solo necesito saber cómo me
10 llamo y por qué estoy en Toledo. Y quiero encontrar el coche verde.

—Gracias, Joanna —le digo a
15 la alemana—, pero yo no voy al hospital. Necesito agua... y tengo que averiguar quién soy y por qué estoy aquí.

20 —Pero te duele la cabeza…

—Estoy bien —digo bruscamente—. Ni necesito ir al hospital, ni quiero ir al
25 hospital. Solo necesito agua.

Joanna me da su botella de agua y bebo. Me mira con cara preocupada otra vez.

30 —Vale, vale… Y, entonces, ¿adónde vas?

I look at my hands, my legs, my feet. I touch my head, my teeth – I don't know why – and my face as well.

Everything is in the right place. I don't need to go to hospital.

All I need is to know what I'm called and why I am in Toledo. And I want to find the green car.

"Thank you, Joanna," I say to the German girl, "but I'm not going to the hospital. I need water…and I have to find out who I am and why I am here."

"But your head hurts…"

"I am fine," I say sharply. "I neither need to go to the hospital, nor want to go to the hospital. I just need water."

Joanna gives me her bottle of water and I drink. She looks at me again with a worried look.

"Okay…okay… And, so, where are you going?"

«¿Adónde voy?».

No tengo ni idea. Respiro y
miro los edificios históricos a
5 mi alrededor. No reconozco
nada. Pero noto algo en mi
bolsillo.

«¿Qué es?».
10

Lo saco y veo que es una llave.
Una llave muy antigua. Tiene
un llavero grande que dice: La
Posada de Manolo y el número
15 13.

Le enseño el llavero a Joanna y
le digo:
—Voy a La Posada de Manolo.
20 ¿Sabes dónde está?

Joanna suspira. Parece
frustrada pero me explica que
La Posada de Manolo es un
25 hostal en el centro histórico.

—Si no quieres ir al hospital,
entonces, te llevo a La Posada
de Manolo. Así me quedo más
30 tranquila.

*Where am I going?*

I have no idea. I breathe and I
look at the historic buildings
around me. I don't recognize
anything. But I notice
something in my pocket.

*What is it?*

I take it out and see that it's a
key. A very old key. It has a big
keyring that says, 'Manolo's
Inn' and the number 13.

I show the keyring to Joanna
and say to her, "I am going to
Manolo's Inn. Do you know
where it is?"

Joanna sighs. She seems
frustrated but explains to me
that Manolo's Inn is a hostal in
the historic centre.

"If you don't want to go to the
hospital, then I'll take you to
Manolo's Inn. That way I'll
feel more calm."

# CHAPTER 2

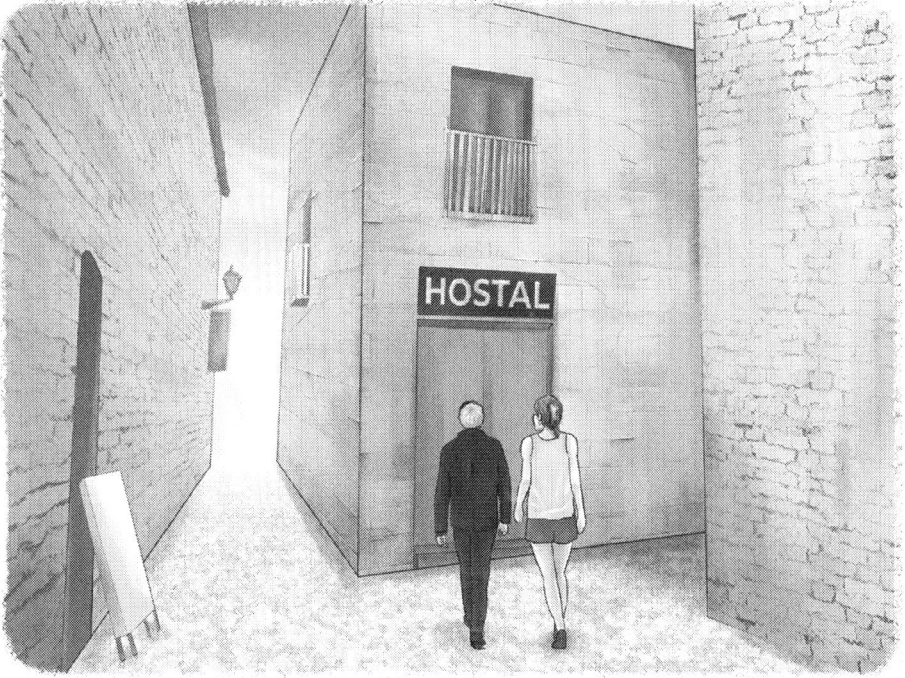

*Sam y Joanna llegan al hostal: La Posada de Manolo*

Llegamos a La Posada de Manolo. El edificio está en una calle al lado de la catedral que se llama calle Hombre de Palo.

5

Es de piedra y es muy viejo. La calle es muy estrecha y está oscura porque estamos a la sombra de la catedral. Parece

10 un monasterio medieval.

—Aquí está —dice Joanna.

15 La miro y ella señala una puerta de madera.

—¿Es tu hostal? —me pregunta. Suspiro y le digo que no lo

20 reconozco.

—Pero yo no sé nada, ni siquiera sé cómo me llamo…

25 Entramos en el hostal. Dentro no hace calor. Está fresquito como una cueva.

La entrada parece un museo.
30 Hay una mesa muy antigua y cuadros del paisaje castellano.

We arrive at Manolo's Inn. The building is in a street next to the cathedral called *Hombre de Palo* Street (Stickman Street).

It's made of stone and is very old. The street is very narrow and is dark because we're in the shade of the cathedral. It looks like a medieval monastery.

"Here is it," says Joanna.

I look at her and she points to a wooden door.

"Is it your hostel?" she asks me. I sigh and tell her that I don't recognize it.

"But I don't know anything, I don't even know my name…"

We enter the hostel. Inside it's not hot. It's cool like in a cave.

The entrance hall resembles a museum. There is a very old table and paintings of the Castilian countryside.

Las paredes están decoradas con cráneos de cabras y cuernos de ciervos. A la izquierda, hay una recepción
5 pero no hay nadie. De repente, aparece un chico bastante bajo y musculoso que me mira con cara de sorpresa.

10 Tiene el pelo moreno y los ojos negros. Lleva un collar de oro muy grueso.

—¿Tú…? —me dice
15 extrañado, señalándome con el dedo.

—Yo… —contesto confundido.

20 —¿Por qué estás aquí? —me pregunta el chico.

—Porque se aloja aquí. — explica Joanna.
25
—Habitación número trece. Tuvo un accidente pero está bien. Mira, tiene la llave.

30 —Sí, tengo la llave —digo, mostrando la llave—. ¿La ves? Quiero saber, cuántas noches llevo aquí.

The walls are decorated with goat skulls and deer antlers. On the left, there is a reception desk but no one is there. Suddenly, a quite short, muscular boy appears and looks at me with a look of surprise on his face.

He has dark hair and black eyes. He is wearing a thick, gold necklace.

"You…?" he says puzzled, pointing at me with his finger.

"Me…" I respond, confused.

"Why are you here?" the boy asks me.

"Because he is staying here," explains Joanna.

"Room number thirteen. He had an accident but he's okay. Look, he has the key."

"Yes, I have the key," I say showing the key. "You see? I want to know, how many nights have I been here"

El chico no contesta. Me mira con sus ojos negros como si fuera un fantasma.

5 Arriba se oye un ruido y una chica baja la escalera.

Nos dice: —¡Hola! —Con una sonrisa radiante. La chica es
10 pelirroja y muy guapa.
Tiene los ojos verdes como esmeraldas.

—Lo siento, todavía tengo
15 muchas tareas domésticas por hacer aquí —dice ella.

Mira al chico de ojos negros y después me mira a mí.
20
—Iván no trabaja aquí —me dice—. Es un amigo de mi hermano. Soy Valentina ¿En qué puedo ayudaros?
25
—¿Trabajas aquí? —pregunto a Valentina y ella me responde que sí con una gran sonrisa.

—Pues... —empiezo a decir, un poco despistado, pero Joanna me interrumpe.

The boy doesn't answer. He looks at me with his black eyes as if I were a ghost.

Above us there is a noise and a girl comes down the stairs.

She says, "Hi!" to us with a glowing smile. The girl is a redhead and she's very pretty. She has green eyes like emeralds.

"I'm sorry, I still have lot of chores to do here" she says.

She looks at the black-eyed boy and afterwards looks at me.

"Ivan doesn't work here" she says to me. "He is a friend of my brother. I am Valentina. How can I help?"

"Do you work here?" I ask Valentina and she responds "yes" with a big smile.

"Well…" I begin to say, a little lost-in-thought, but Joanna interrupts me.

—Tuvo un accidente y no sabe cómo se llama. Parece que tiene una habitación aquí.

"He had an accident and he doesn't know his name. It seems he has a room here."

5  —¿Un accidente? —repite, mirándome sorprendida—. ¡Entonces tienes que ir al médico!

"An accident?" she repeats, looking at me, surprised. "Then, you have to go to the doctor!"

10  Le explico que yo no quiero ir al hospital y le digo que yo solo quiero saber quién soy y por qué estoy en Toledo.

I explain that I don't want to go to the hospital and I tell her that I just want to know who I am and why I'm in Toledo.

15  —Vale, vale —dice Valentina, mientras yo respiro el dulce olor de su perfume.

"Okay, okay," says Valentina while I breathe in the sweet smell of her perfume.

—Acabo de volver de mis
20  vacaciones pero puedo mirar en el libro de visitas. ¿Qué habitación tienes?

"I've just returned from my holidays, but I can look in the visitors' book. What room are you in?"

Le digo que estoy en la
25  habitación número trece y me busca en su libro.

I tell her that I'm in room thirteen and she looks for me in her book.

—Sí, sí... estás aquí. Te llamas... Sam.
30

"Yes, yes…you're here. You're called…Sam."

«Así que me llamo Sam… ».

*So, my name is Sam…*

Le doy las gracias a Valentina,

I thank Valentina,

respirando otra vez el embriagador aroma de su perfume, y subo a mi habitación.

breathing in again the heady aroma of her perfume, and I go up to my room.

Joanna viene conmigo.

Joanna comes with me.

Habitación número trece.

Room number thirteen.

5

Espero encontrar mi pasaporte, mi ropa... mi identidad. Abro la puerta de la habitación.

I hope to find my passport, my clothing…my identity. I open the door to the room.

10 A la derecha, hay dos camas y, a la izquierda, una mesa. Encima de la mesa hay una bolsa de viaje.

On the right, there are two beds and, on the left a table. On top of the table is a holdall.

15 «Debe ser mi equipaje».

*It must be my luggage.*

Busco mi pasaporte en la bolsa pero solo encuentro ropa, una toalla, unos zapatos...

I look for my passport in the bag but I only find clothing, a towel, some shoes…

20

—¿Nada? —pregunta Joanna.

"Nothing?" asks Joanna.

—Como un pez. Nada —le confirmo yo.

"Like a fish. *Nada.*" I confirm. *Nothing / it swims ☺

25

Joanna se ríe con la broma.

Joanna laughs at the joke.

—¿Y en el bolsillo de delante? —me pregunta.

"And in the front pocket?" she asks.

Abro el bolsillo delantero de la bolsa. Dentro hay unos papeles.

I open the front pocket of the bag. Inside there are some papers.

5 Pero mi pasaporte no está. Miro entre los papeles. Hay un folleto de una escuela de idiomas en Toledo.

But my passport is not there. I look through the papers. There is a leaflet for a language school in Toledo.

10 —¿A lo mejor estoy aquí para estudiar español?

"Maybe I am here to study Spanish?"

—El folleto es de la misma escuela donde estudio yo —
15 dice Joanna con una sonrisa—. ¿Y el otro papel?

"The leaflet is for the same school where I study," says Joanna with a smile. "And the other piece of paper?"

Leo el papel y miro a Joanna pero me quedo sin palabras.
20 Joanna coge el papel y lo lee en voz alta:

I read the other paper and look at Joanna but I am speechless. Joanna takes the paper and reads it aloud:

—No eres bienvenido aquí, inglés.

"You are not welcome here, English."

25
«¡VUELVE A TU PAÍS O VAS A VER!»

"GO BACK HOME OR YOU'LL REGRET IT!"

# CHAPTER 3

*Sam conoce a Hassan y Raúl*

No puedo dormir muy bien. La
cama es muy cómoda, sí, pero
mis pensamientos me
mantienen despierto.

5

En mis sueños, un coche verde
me persigue; veo los ojos
negros de Iván; el mensaje
amenazante está escrito por
10  toda la pared; y alguien repite:

—¿Sam? ¿Estás bien, Sam?

Y ahora más fuerte:
15  —¿Sam? ¿Sam? ¿¡Sam!?

Me despierto en plena noche.
No veo nada… salvo una figura
al lado de la puerta.
20

Me siento en la cama, asustado,
y le digo:
—¿¡Quién eres!?

25

Pienso en el mensaje que está
en mi mochila y grito:

—¿Por qué quieres hacerme
30  daño? ¡No quiero morir!

La figura se acerca a mí.

I am unable to sleep well. The
bed is very comfortable, yes,
but my thoughts keep me
awake.

In my dreams, a green car
chases me; I see Ivan's black
eyes; the threatening message
is written on the wall; and
someone is repeating:

"Sam? Are you okay, Sam?"

And then louder, "Sam? Sam?
Sam!?"

I wake up in the middle
of the night. I can't see
anything…except a figure
next to the door.

I sit up in bed, scared and say
to him, "Who are you!?"

I think of the message in my
backpack and I shout:

"Why do you want to hurt me?
I don't want to die!"

The figure approaches me.

—¿Qué me vas a hacer? —le pregunto asustado.

"What are you going to do to me?" I ask, afraid.

Es un hombre. Es alto y tiene el
5 pelo largo y ondulado. «¿Un asesino?». Pero no tiene pinta de asesino… aun así tengo miedo. Mucho miedo.

It is a man. He is tall and has long, wavy hair. *A murderer?* But he doesn't look like a murderer…even so, I am scared. Very scared.

10 No puedo moverme de miedo.

I am petrified by fear.

Y, de repente, la figura –el hombre– se empieza a reír.

And, suddenly, the figure – the man – starts to laugh.

15 —¡No quiero morir! —dice con una voz muy profunda. Se burla de mí.

"I don't want to die!" he says in a very deep voice. He's making fun of me.

—¿Quién eres? —pregunto otra
20 vez.

"Who are you?" I ask again.

—¿Quién soy? Soy Hassan, tu compañero de habitación… Estás en mi cama. ¿No me
25 reconoces o qué? ¿Te pasa algo? ¿Estás enfermo o borracho o qué?

"Who am I? I am Hassan, your roommate…You're in my bed. Don't you recognize me or what? Is something wrong? Are you sick or drunk or what?"

—Un accidente... —digo
30 dudando—. Había un coche.

"An accident…" I say, hesitating. "There was a car."

—¡Ay! —dice Hassan—. ¿Pero ahora estás bien?

"Ouch!" says Hassan. "But you're okay now?"

Saca algo del bolsillo de su chaqueta. Es un animal… ¡Tiene una rata blanca!

He takes something out of his jacket pocket. It's an animal… He has a white rat!

5 Hassan me mira y dice:
—Es Raúl. ¿No te acuerdas de Raúl, mi mascota? ¿Entonces, estás bien o qué?

Hassan looks at me and says, "It's Raul. Don't you remember Raul, my pet? So, are you okay or what?"

10 —Sí… y no… No sé ni quién soy ni por qué estoy aquí contigo y con tu… rata.

"Yes…and no…I don't know who I am nor why I'm here with you and your…rat."

—Raúl… —dice Hassan
15 acaraciando el animal.

"Raul…" says Hassan stroking the animal.

—Pero tengo la impresión de que tengo enemigos en esta ciudad.

"But I get the impression that I have enemies in this city."

20

Le enseño la nota de mi bolsa y suspira antes de decir:
—¿Enemigos? Pues parece que sí...

I show him the note from my bag and he sighs before saying, "Enemies? So it would seem…"

25

—Oye, te conozco un poco —dice Hassan mientras se sienta en la cama con Raúl—. Eres Sam. Eres inglés. No sé
30 exactamente por qué estás aquí. Probablamente para aprender español y...

"Listen, I know you a bit," says Hassan as he sits on the bed with Raul. "You're Sam. You're English. I don't know exactly why you're here…probably to study Spanish and…"

—Y... —repito yo, esperando
algo importante.

"And…" I repeat, waiting for
something important.

—Y, ¡te gusta el chocolate
5  tanto como a Raúl!

"And, you like chocolate as
much as Raul does!"

Hassan saca una tableta de
chocolate y le da un trozo a la
rata y otro a mí.

Hassan takes out a bar of
chocolate and gives a piece to
the rat and another one to me.

10
—Mañana vas a ir a la escuela
de idiomas y te van a ayudar. Y
por los enemigos... no te
preocupes, yo soy tu amigo y te
15  voy a ayudar. Raúl también.

"Tomorrow, you are going to
the language school and they
are going to help you. And as
for your enemies…don't worry,
I'm your friend and I'll help
you. Raul too."

Más tarde,  no sé por qué, me
duermo con la imagen de
20  Valentina en mis pensamientos.

Later on, I don't know why, I
fall asleep with the image of
Valentina in my mind.

Por la mañana me cruzo con
Valentina en la recepción de la
posada y decidimos ir juntos a
25  la plaza a tomar un café.

In the morning, I pass
Valentina in the reception and
we decide to go to the square
together for a coffee.

Joanna está allí.

Joanna is there.

La viejecita también está allí
30  con su carrito lleno de cartón.

The little old lady is there too
with her trolley full of cardboard.

Creo que es una vagabunda.

I think she is homeless.

Joanna me saluda y me da un abrazo:

—¡Todavía estás vivo! ¡Qué bien! ¿Tienes hambre? ¡Yo voy

5 a desayunar! ¿Vienes?

Sonrío, le presento a Valentina y nos sentamos con ella en la plaza.

10

Hace sol pero no hace mucho calor porque todavía es temprano.

15 Les cuento lo que me pasó por la noche con Hassan. Joanna y Valentina se ríen mucho.

20 —Toma, prueba el pan con tomate. Está muy rico.

Joanna tiene razón, el pan con tomate está delicioso.

25

—Tengo que volver al hostal, hay un montón de cosas que hacer —dice Valentina mientras se levanta.

30

Joanna y Valentina intercambian números de teléfono.

Joanna greets me and gives me a hug. "You're still alive! That's awesome! Are you hungry? I'm going to have breakfast! You coming?"

I smile, introduce her to Valentina and we sit with her in the square.

It's sunny but not too hot because it's still early.

I explain what happened to me in the night with Hassan. Joanna and Valentina laugh a lot.

"Here, try the bread with tomato. It's really tasty."

Joanna is right, the bread with tomato is delicious.

"I have to get back to the hostel, there is pile of things to do," says Valentina as she stands up.

Joanna and Valentina exchange phone numbers.

—Joanna, te invito al desayuno por ayudarme.

"Joanna, I'm getting you breakfast to thank you for helping me."

5 Ella dice que no pero aun así saco mi cartera y la abro. Dentro hay dinero. Mucho dinero.

She says no but even so, I take out my wallet and open it. Inside there is money. Lots of money.

10 Cuento los billetes de cien. Hay dos mil euros.

I count the hundreds. There are two thousand euros.

—¡Chico rico, a lo mejor podemos pedir churros
15 también! —dice Joanna con la boca llena de pan con tomate.

"Rich boy, maybe we can order *churros* as well!" says Joanna with her mouth full of bread with tomato."

Detrás de los billetes hay una tarjeta de crédito. Pago la
20 cuenta y miro la tarjeta de crédito. Debajo del número hay un nombre pero no es «Sam».

Behind the notes, there is a credit card. I pay the bill and look at the credit card. Underneath the number there is a name but it is not 'Sam'.

«¿De quién es esta tarjeta de
25 crédito?», me pregunto intrigado.

*Whose credit card is this?* I ask myself, intrigued.

—Oye, Sam, ten cuidado. Dicen que hay un ladrón en la
30 plaza...

"Listen, Sam, be careful. They say there's a thief in the square."

—¿Un ladrón? —repito.

"A thief?" I repeat.

—Sí, sí, alguien está robando los bolsos y carteras de los turistas —Joanna me explica.

"Yes, yes, someone is stealing bags and wallets from the tourists," explains Joanna.

5 Guardo la cartera en mi mochila y cojo un trozo de pan con tomate.

I put the wallet away in my backpack and take a piece of bread with tomatoes.

Después de desayunar, vamos a
10 la escuela de idiomas. Se llama Trabalenguas y está en el casco viejo, cerca del ayuntamiento.

After having breakfast, we go to the language school. It is called, "Tongue-twisters" and it's in the old town, near the townhall.

15 Es un edificio moderno y parece más una oficina que una escuela.

It's a modern building and looks more like an office than a school.

Pero dentro hay banderas de
20 todos los países del mundo y jóvenes de todas partes del mundo charlan animados en diferentes idiomas.

But inside, there are flags from every country in the world and young people from all over chat animatedly in different languages.

25 Joanna me presenta a Yuki, su amiga japonesa.

Joanna introduces me to Yuki, her Japanese friend.

Yuki tiene el pelo negro, las uñas negras, lleva maquillaje
30 negro, gafas negras, pendientes en forma de calavera y un vestido largo, también negro.

Yuki has black hair, black nails, wears black makeup, black glasses, earrings shaped like skulls and a long dress which is also black.

En contraste, sus ojos son...
azules y su mirada... inocente.
Yuki quiere saber más sobre mi
accidente:
5 —¿Tienes alguna cicatriz? —
Pero es la hora de entrar en la
clase.

In contrast, her eyes are…blue
and her gaze…innocent. Yuki
wants to know more about my
accident: "Do you have any
scars?" – but it's time to go to
class.

Es mi primera clase y estoy un
10 poco nervioso.

It's my first class and I am a
little bit nervous.

Los otros jóvenes parecen
simpáticos y la profesora,
Renata, también es agradable.
15

The other youngsters seem nice
and the teacher, Renata, is also
friendly.

En la primera actividad, mis
compañeros me preguntan
sobre mi vida.

In the first activity, my
classmates ask me about my
life.

—¿Cómo te llamas? —me
20 pregunta la profesora para
empezar.

"What's your name?"
the teacher asks me, to begin
with.

Fácil: —Me llamo Sam.

Easy, "My name's Sam."

25 «Bien».

*Good.*

Próxima pregunta. Un joven de
los Estados Unidos me
pregunta en un acento muy
30 fuerte: —¿Cuántos años tienes?

Next question. A young
American asks me in a strong
accent, "How old are you?"

«Pues, no sé... Puedo adivinar».

*Well, I don't know…I can guess.*

—Tengo dieciséis años más o menos.

"I am sixteen years old, more or less."

El estadounidense inclina la cabeza con cara de sorpresa. Supongo que es extraño cuando alguien no sabe exactamente su
5  edad...

The American tilts his head with a look of surprise on his face. I suppose it is strange when someone doesn't know exactly how old they are...

—¿Dónde vives, Sam? —me pregunta Renata—. «No sé qué decir».
10

"Where do you live, Sam?" asks Renata. *I don't know what to say.*

—Vivo en... —Empiezo—. Vivo en... Vivo en La Posada de Manolo... —digo al final.

"I live in…" I begin, "I live in…I live in Manolo's Inn…" I say in the end.

15  El estadounidense sonríe.

The American smiles.

—¿Tienes hermanos? ¿Y cuántas personas hay en tu familia? —pregunta otro chico.

"Do you have brothers and sisters? How many people are there in your family?" asks another boy.

20  —A ver... —Toso y digo—: Es que...

"Let me see…" I cough and say, "It's…um…"

«No sé qué decir».

*I don't know what to say.*

25  «No sé si tengo hermanos. Ni siquiera sé si tengo madre. No quiero más preguntas».

*I don't know if I have brothers. I don't even know if I have a mother. I don't want any more questions.*

«No me siento bien. Quiero llorar».

*I don't feel well. I want to cry.*

Yuki me mira interesada y dice:

5 —Háblanos de tu compañero de habitación y su mascota.

Yuki looks at me, interested, and says:
"Tell us about your roommate and his pet."

Les cuento todo sobre Hassan y
10 Raúl en la habitación la noche anterior y toda la clase se ríe a carcajadas.

I tell them everything about Hassan and Raul in the room last night and the whole class laugh their heads off.

A las dos, Joanna dice que tiene
15 hambre –¡otra vez!– así que, Joanna, Yuki y yo vamos a la plaza.

At two, Joanna says that she's hungry – yet again! – so Joanna, Yuki and I go to the square.

La viejecita sigue allí, ahora
20 busca algo en el cubo de basura.

The little old lady is still there looking for something in the bin.

Al otro lado de la plaza, veo que Hassan está tocando la
25 guitarra y Raúl está con él.

On the other side of the square, I see Hassan playing the guitar and Raul is with him.

Tomamos un café mientras esperamos los bocadillos en una mesa al lado de donde
30 Hassan toca la guitarra.

We have a coffee while we wait for our sandwiches at a table next to where Hassan is playing the guitar.

Me gusta cómo toca y parece que no soy el único. Varias

I like the way he plays and it appears that I'm not the only

personas se paran a escuchar su música y a mirar su rata.

one. Some people stop to listen to his music and look at his rat.

Algunos echan dinero en su
5 gorro.

A few throw money in his hat.

Yuki aprovecha para grabar un vídeo del momento.

Yuki makes the most of it by recording a video of the moment.

10
—Así que éstos son Hassan y Raúl —dice Yuki riéndose.

"So, this is Hassan and Raul," says Yuki, laughing.

Después de un rato, un grupo
15 de muchachos entra en la plaza armando mucho jaleo. Tienen un caniche que les acompaña y no deja de ladrar.

After a while, a group of boys arrives in the square making lots of noise. They have a poodle that doesn't stop barking.

20 Yo reconozco a un chico. Es Iván, el chico de ojos negros que vi ayer en la posada. Parece que el caniche es suyo.

I recognize one of the boys. It's Ivan, the boy with black eyes that I saw yesterday at the inn. It seems as if the poodle is his.

25 Vienen a sentarse en la mesa al lado de nosotros. Piden cervezas.

They come and sit at the table next to us. They order beers.

Cuando ven a Raúl, un amigo
30 de Iván grita:
—¡Oye tío, ¿dónde vives? ¿En un cubo de basura con tus amigas las ratas?

When they see Raul, one of Ivan's friends shouts, "Oi mate, where do you live? In a rubbish bin with your rat friends?"

Después mira al caniche y dice
mientras señala a la rata:
—Kaká, ¡ahí tienes tu comida!

Sus amigos se ríen. Después,
Iván dice:
5   —Este tío es terrible. ¡Ey, tío,
cantas como un gato
atropellado!

No sé qué me pasa pero, de
10  repente, estoy de pie, furioso,
increpando a Iván y a sus
amigos.

—Es un país libre, ¿no? Déjale
15  ganar dinero para comer.

El amigo de Iván se levanta
muy enfadado. Es alto y feo, y
parece tan fuerte como un
20  gorila, y no huele mucho mejor.

Me empuja y al instante ¡zas!
¡Me pega un puñetazo!

25  «Aquí estoy, en el suelo, otra
vez. No me lo puedo creer».

La boca me sabe a sangre.

Intento levantarme pero el
bruto me pega de nuevo.

Then, he looks at the poodle
and says pointing at the rat,
"Kaká, there's your lunch!"

His friends laugh. Afterwards,
Ivan says, "This guy is awful.
Hey mate, you sing like a cat
that's been run over!"

I don't know what comes over
me but, all of a sudden, I'm on
my feet, furious, squaring up to
Ivan and his friends.

"It's a free country, isn't it? Let
him earn money so he can eat."

Ivan's friend stands up, very
angry. He's tall and ugly and
looks as strong as a gorilla and
doesn't smell much better.

30

He pushes me and in an instant
– whack – he punches me!

*Here I am, on the floor, again.*
*I can't believe it.*

My mouth tastes of blood.

I try to stand up but the brute
hits me again.

Ahora Hassan se mete en la pelea para ayudarme. Es una pelea en plena plaza.

Joanna nos grita que paremos mientras Yuki, sin darse cuenta, sigue grabando con el
5  teléfono.

Y entonces, de repente... Iván desaparece justo cuando la policía llega.

Now, Hassan joins the fight to help me. It's a brawl in the middle of the square.

Joanna shouts for us to stop while Yuki, without thinking, keeps filming with her phone.

And then, suddenly… Ivan disappears just as the police arrive.

# CHAPTER 4

*Sam y Hassan se encuentran en la comisaría*

Estoy en la comisaría con Hassan. Estamos esperando en la recepción donde hay varias sillas de plástico en línea contra
5   la pared.

No hay ventanas pero hay un ventilador en el techo.

10  El ventilador gira muy despacio y tengo mucho calor.

El policía se llama Víctor. El agente Víctor. Su cara me
15  resulta conocida. Es bastante simpático pero muy serio.

Está hablando con una mujer que lleva muchas joyas. La
20  mujer dice que es rusa y que ayer alguien le robó el bolso en la plaza.

La mujer está muy enfadada.
25
Dice que su marido es muy importante y que va a llamar a su abogado.

30  Al final, la mujer se va indignada y Víctor viene a hablar con nosotros.

I'm at the police station with Hassan. We're waiting in the reception where there are several plastic chairs in a line against the wall.

There are no windows but there is a fan on the ceiling.

The fan spins very slowly and I am very hot.

The policeman is called Victor. Officer Victor. His face is familiar. He is quite nice but very serious.

He is talking to a woman who is wearing lots of jewellery. The woman says she's Russian and that yesterday someone stole her bag in the square.

The woman is very angry.

She says that her husband is very important and that she is going to call her lawyer.

In the end, the woman leaves annoyed and Victor comes to talk to us.

Dice que no se puede pelear en la plaza y que por eso nos tuvo que detener: a Hassan y a mí.

He says that you're not allowed to fight in the square and that's why he had to arrest us: Hassan and me.

5

No sé qué nos va a pasar pero Hassan no está nada contento.

I don't know what is going to happen to us but Hassan is not happy at all.

10 Tengo la impresión de que no es la primera vez que él está en la comisaría. La verdad, no estoy seguro tampoco de si es la primera vez que *yo estoy*
15 *aquí...*

I get the impression that it's not the first time that he's been to the police station. To tell the truth, I'm not sure if it's the first time that *I've been here either...*

Víctor me lleva a otra sala. Dice que tiene preguntas para mí.

Victor takes me to another room. He says he has some questions for me.

20

Hassan está solo en la recepción. En la sala donde estoy yo ahora, hay una mesa y una grabadora.

Hassan is alone in the reception area. In the room where I am now, there is a table and a tape recorder.

25

Aquí hay aire acondicionado, pero no funciona muy bien, y hace un zumbido muy ruidoso.

There is air conditioning here but I doesn't work very well and it makes a loud buzzing.

30 De repente, todo parece muy serio.

Suddenly, everything seems very serious.

—¿Necesito un abogado,

"Do I need a lawyer, Officer

agente Víctor? —le pregunto a
Víctor.

"Victor?" I ask Victor.

—¿Tú también tienes un
5 abogado como la mujer rusa?
—ladra Víctor.

"Do you have a lawyer too, like
the Russian woman?" barks
Victor.

Está de muy mal humor.

He is in a very bad mood.

10 —No, señor, no tengo un
abogado.

"No, sir, I don't have a
lawyer."

—Pues, entonces, solo tienes
que contestar unas preguntas.
15 ¿Está claro?

"Well, then, you just have to
answer a few questions. Is that
understood?"

—Sí, señor, voy a contestar tus
preguntas.

"Yes, sir, I am going to answer
your questions."

20 Intento sonreír pero mi cara
está tensa. Víctor saca un
bolígrafo y un cuaderno y me
mira a los ojos.

I try to smile but my face is
tense. Victor takes out a pen
and a notebook and looks me in
the eyes.

25 «Unas preguntas; va a ser
fácil… Muy fácil».

*A few questions – it's going to
be easy…very easy.*

—¿Cómo te llamas?

"What's your name?"

30 —Sam —contesto, suspirando.

"Sam," I answer, sighing.

—¿Y cuál es tu apellido? —
Después de una pausa.

"And what is your last name?"
After a pause.

—¿Te llamas Sam, qué?

"You're called Sam, what?"

—Sí, señor...es que...me llamo Sam... Pero no me acuerdo muy
5 bien de mi apellido...

"Yes, sir…it's that…I'm called Sam…but I can't quite remember my last name…"

Víctor se acerca a mí. Su aliento huele a café rancio y su mirada es muy penetrante.
10

Victor moves closer to me. His breath smells of stale coffee and his stare is very intense.

—Escúchame chaval —me dice —, aquí no estamos en el patio del colegio. No tengo tiempo para juegos. Hay un ladrón en
15 el centro robando dinero a los turistas y tengo que hacer algo. Primero, tú me contestas las preguntas y, después, te vas a casa. ¿Está claro?
20

"Listen to me, kid," he says. "We're not in the school playground here. I don't have time for games. There is a thief in the town stealing money from the tourists and I have to do something. First, answer my questions and, afterwards, you go home. Is that clear?"

—¿Un ladrón? —repito nerviosamente.

"A thief?" I repeat nervously.

Pienso en el dinero y en la
25 tarjeta de crédito que tengo en la cartera. Todavía no sé de quién es ni tampoco quién soy.

I think of the money and the credit card in my wallet. I still don't know who it belongs to nor who I am.

«¿Quizá *yo soy* el ladrón?»
30

*Perhaps I am the thief?*

Siento el sudor por la espalda.

I can feel sweat on my back.

«No sé qué hacer».

*I don't know what to do.*

Tengo que salir de aquí pero no sé cómo…

—Pasamos a otra pregunta...
5 Sam Sin Apellido —dice Víctor mientras saca su pañuelo y se seca el sudor de la frente.

10 —Eres inglés, ¿no? ¿Dónde vives?

—Me alojo en La Posada de Manolo, agente...
15

—No, no... —me interrumpe—, quiero decir ¿dónde *vives*? ¿Vives en Inglaterra?

20 —Sí, señor. Vivo en Inglaterra...

Me estoy muriendo de pánico. No sé qué decir. Tengo dos mil
25 euros en mi cartera…

«¿Soy *yo* el ladrón?»

Al final decido decir lo primero
30 que me pasa por la cabeza:
—En... Londres, señor. Vivo en Londres con mis padres.

I have to get out of here but I don't know how…

"Let's move on to another question…Sam No Name," says Victor while he takes out his hankerchief and dries the sweat from his forehead.

"You're English, aren't you? Where do you live?"

"I am staying at Manolo's Inn, Officer…"

"No, no…" he interrupts me, "where do you *live*? Do you live in England? I mean."

"Yes, sir, I live in England…"

I am panicking to death. I don't know what to say. I have two thousand euros in my wallet.

*Am I the thief?*

In the end, I decide to say the first thing that pops into my head, "In…London, sir. I live in London with my parents."

Víctor sonríe por primera vez.

Victor smiles for the first time.

—Eso es. Eso está mucho mejor, chaval. ¿Y tienes alguna
5 identificación?

"That's it. That's much better, kid. And do you have some identification?"

«¿Identificación? No tengo nada».

*Identification? I don't have anything.*

10 Ahora estoy pensando que Víctor me va a meter en la cárcel. No tengo pasaporte. No tengo identificación.

Now, I think that Victor is going to throw me in jail. I don't have a passport. I don't have ID.

15 «¡Ni siquiera tengo apellido!»

*I don't even have a last name!*

Hace mucho calor en la comisaría. Estoy sudando como un pollo.
20

It's very hot in the police station. I am sweating like a pig *(literally: like a chicken)*.

Estoy seguro de que Víctor puede ver el sudor en mi frente.

I am sure that Victor can see the sweat on my forehead.

Estoy convencido de que
25 Víctor piensa que *yo* soy el ladrón.

I am convinced that Victor thinks that I am the thief.

¡Incluso yo estoy empezando a pensar que soy el ladrón!

Even I am starting to think that I am the thief.

Me mira con los ojos entrecerrados.

He looks at me with narrowed eyes.

—Tengo que ver tu cartera, chaval. Yo sé que tu cartera está en tu mochila. ¿Hay algo que no quieres que vea?

"I need to see your wallet, kid. I know that your wallet is in your backpack. Is there something you don't want me to see?"

5

«Eres un lince», quiero decir pero no digo nada. Tengo muchísimo miedo.

*You're as cunning as a fox,* I want to say but I say nothing. I am terrified.

10

Sé que soy inglés y sé que me llamo Sam, pero ahora dudo si, de hecho, soy *Sam el ladrón.*

I know I'm English and my name is Sam, but now I wonder if, in fact, I am *Sam the thief.*

15 Tengo dos mil euros en la cartera pero, ¿de quién son?

I have two thousand euros in my wallet but, whose are they?

«¿Míos?»

Are they mine?

20 «¿De la mujer rusa? »

The Russian woman's?

Imagino mi vida en la cárcel: veinte años en una celda sin ventana, la peor comida en
25 España y un compañero de celda llamado Brutus...

I imagine my life in jail: twenty years in a windowless cell, the worst food in Spain and a cellmate called Brutus…

—Tu cartera, Sam. Necesito ver tu cartera —dice Víctor
30 seriamente.

"Your wallet, Sam. I need to see your wallet," says Victor gravely.

Estoy paralizado. Mi camiseta está empapada de sudor. Pero,

I am petrified. My shirt is soaked with sweat. But,

de repente, la puerta se abre.

suddenly, the door opens.

Otro policía entra en la sala y le dice a Víctor:
—Jefe, hay alguien fuera que
5 quiere hablar contigo. Dice que es urgente.

Another policeman comes into the room and says to Victor, "Boss, there's someone outside who wants to speak to you. She says it's urgent."

Víctor silba enfadado.

Victor whistles angrily.

10 —Ahora mismo vuelvo así que… prepara la cartera. La quiero ver —me dice mientras sale.

"I am coming straight back so…get the wallet ready. I want to see it," he says as he goes out.

15 Pasan cinco minutos y empiezo a pensar que Víctor tiene más pruebas para demostrar que soy el ladrón.

Five minutes go by and I'm starting to think that Victor has more proof to show that I'm the thief.

20 Sin embargo, cuando se abre la puerta de nuevo, veo que Valentina está allí con Víctor. Me sonríe pero está preocupada.
25

However, when the door opens again, I see that Valentina is with Victor. She smiles at me but she looks worried.

Víctor me mira y dice:
—Mi sobrina dice que te alojas con ella y que ella tiene tu identificación. ¿Es verdad?
30

Victor looks at me and says, "My niece says you're staying with her and that she has your ID. Is that true?"

Miro al policía y miro a Valentina que me dice que sí

I look at the policeman and I look at Valentina who gives me

con la cabeza.

—Sí, señor, eso es. Estoy en
una habitación en La Posada de
Manolo y mi identificación está
allí. En la habitación número
trece.

5 Víctor respira y despacio señala
hacia la puerta.

—Estás de suerte, chaval. Pero
aquí algo huele mal…
10
Mira a Valentina. —Confío en
mi sobrina y tengo cosas más
importantes que hacer. Puedes
irte.
15
—Gracias tío Víctor —dice
Valentina.

Me levanto y camino hacia
20 Valentina. Víctor me para en la
puerta y dice:
 —Te estoy vigilando, Don
Sam.

a little nod.

"Yes, sir, that's right. I am in a
room at Manolo's Inn and my
ID is there. In room thirteen.

Victor exhales and slowly
points towards the door.

"You're lucky, kid. But
something smells fishy."

He looks at Valentina. "I trust
my niece and I have more
important things to do. You're
free to go."

"Thank you, Uncle Victor,"
says Valentina.

I stand up and walk towards
Valentina. Victor stops me at
the door and says, "I'm
watching you, Mr. Sam."

# CHAPTER 5

*Sam y Valentina dan un paseo y se conocen mejor*

Salimos a la calle y ya es de noche. El cielo está despejado y las estrellas brillan con fuerza.

5 —Joanna y Yuki me llamaron, así que vine para ayudarte —me explica Valentina.

—No sé qué decir... —le digo.
10
—Yo creo que «gracias» es la palabra adecuada... —Valentina me sonríe.

15 —Sí, tienes razón, muchas gracias. Pensaba que iba a ir a la cárcel.

De repente pienso en Hassan y
20 le pregunto a Valentina por él:
— ¿Dónde está Hassan? ¿Está en la comisaría?

—No te preocupes, Sam.
25 Hassan y Raúl ya están en casa.

—¡Genial! Gracias, Valentina, eres una máquina.

30 —Lo sé —contesta riéndose.

—Ven, quiero enseñarte una cosa.

We go out in the street and it's nighttime. The sky is clear and the stars shine brightly.

"Joanna and Yuki called me, so I came to help you," explains Valentina.

"I don't know what to say…" I say.
"I think that 'thanks' would be the appropriate word…"
Valentina smiles at me.

"Yes, you're right, thank you very much. I thought I was going to go to jail."

Suddenly, I think of Hassan, and I ask Valentina: "Where is he? Is he still at the police station?"

"Don't worry, Sam. Hassan and Raul are at home already."

"Great! Thanks, Valentina, you're a genius."

"I know," she replies, laughing.

"Come, I want you to see something."

Paseamos por las estrechas
calles de Toledo, el aroma a
deliciosa comida va a la deriva
con el viento.

We walk through Toledo's
narrow streets, the smell of
delicious food drifting by on
the breeze.

5

Es una ciudad histórica y muy
evocadora.

It's a historic and very
atmospheric city.

Me siento feliz, por no estar en
10 la comisaría –claro– pero, sobre
todo, por estar con Valentina.

I feel happy, for not being in
the police station – of course –
but above all, for being with
Valentina.

La miro de reojo. Es más guapa
15 de lo que recordaba.

I glance at her. She is prettier
than I remembered.

Cuando ella habla me hipnotiza
y su pelo brillante bajo la luz de
la luna me ciega.

When she speaks to me, I'm
hypnotised, and her hair shining
under the moonlight, blinds me.

20

Llegamos a la muralla de la
ciudad y subimos por una
escalera de piedra muy antigua.

We arrive at the city walls and
we go up by a very old stone
stairway.

25 Arriba, en lo alto de la muralla,
la vista es espectacular.
El campo parece la escena de
un pasado lejano.

Up above, on top of the city
walls, the view is spectacular.
The countryside looks like a
scene from the distant past.

30 Abajo, el río es como una
serpiente negra que cruza por el
valle.

Below, the river is like a black
snake crossing the valley.

—Me gustas, Sam —dice
Valentina sin mirarme—. Me
gustas mucho.
Valentina me pilla por sorpresa
5  con sus palabras y no sé qué
decir.

—Pues gracias... —digo pero
inmediatamente me siento
10 como un tonto. «Gracias…».

Lo que quiero decirle a
Valentina es que ella también
me gusta pero no me salen las
15 palabras...

—Es que, Valentina. Me gusta
mucho estar contigo… pero...

20 Dudo antes de decir:
—No sé quién soy y… y temo
que haya cosas que no sabemos
de mí.

25 Ahora me mira con esos ojos
increíbles:

—Yo sé quién eres, Sam. Eres
una persona graciosa, simpática
30 y valiente. Nadie se atreve a
enfrentarse a Iván y a sus
amigos. Todo el mundo tiene
miedo de ellos, y su padre es

"I like you, Sam," says
Valentina without looking at
me. "I like you a lot."
Valentina takes me by surprise
with these words and I don't
know what to say.

"Well thank you…" I say but I
immediately feel stupid. *Thank
you…*

What I want to say to Valentina
is that I like her too but the
words won't come out…

"It's just that, Valentina. I really
like being with you…but…"

I hesitate before saying: "I
don't know who I am and…and
I am afraid that there are things
we don't know about me.

Now she looks at me with her
incredible eyes.

"I know who you are, Sam.
You are a funny, friendly and
brave person. No one dares to
confront Ivan and his friends.
Everyone is afraid of them,
and his father is

muy peligroso… Pero tú... tú lo hiciste.

—¿Por qué la gente tiene
5 miedo de ellos? —le pregunto.

—Porque no son buena gente —contesta Valentina—. Son... malos... delincuentes... y su
10 padre es… un gánster… Tiene un tatuaje de una serpiente en el cuello… Tienes que evitarlo.

Al escuchar las palabras de
15 Valentina, se me ocurre una idea:

—¿Ladrones? —le pregunto.

20 —También —dice Valentina todavía mirándome fijamente.

«¿A lo mejor son ellos los ladrones: Iván y su banda de
25 delincuentes?», me pregunto.

Pero enseguida me acuerdo otra vez de los dos mil euros y de la tarjeta de crédito que están en
30 mi cartera.

Me quedo callado y no digo nada. «¿Qué puedo decir?»

---

very dangerous…But you… you did it."

"Why is everyone afraid of them?" I ask.

"Because they are not good people," answers Valentina. "They're…evil…criminals and his father is…a gangster… He has a snake tattoo on his neck… You have to avoid him."

Listening to Valentina's words, an idea occurs to me:

"Thieves?" I ask her.

"As well," says Valentina still staring at me.

*Perhaps they are the thieves – Ivan and his gang of delinquents?* I wonder.

But straight away, I remember again the two thousand euros and the credit card that are in my wallet.

I stay silent and don't say anything. *What can I say?*

«Esta chica es sensacional y piensa que soy gracioso y valiente, pero yo creo que soy un ladrón o, incluso, algo
5 peor...».

Valentina se acerca a mí.

«¿Qué está haciendo?».
10
Mi boca está cerca de la suya y siento el calor de su respiración. Puedo sentir el latido de mi corazón.
15
Me preparo... «¡Me va a besar!». Y... y... y... ¡Suena un teléfono!

20 «¡Qué mala suerte! ¡No me lo puedo creer!».

—Lo siento —dice Valentina sacando su teléfono—. Tengo
25 que contestar. Es Joanna.

Valentina habla con la alemana mientras me quedo pensando si he perdido la oportunidad de
30 besarla.
Cuando termina la llamada me mira y dice: —Nos tenemos que ir. Yuki y Joanna tienen

*This girl is sensational and she thinks that I'm funny and brave but I think I may be a thief or even something worse.*

Valentina draws closer to me.

*What is she doing?*

My mouth is close to hers and I feel the heat of her breathing. I can feel my heart beating.

I prepare myself...*She's going to kiss me!*...and...and...and... A phone rings!

*How unlucky! I cannot believe it!*

"Sorry," says Valentina taking out her phone. "I have to answer. It's Joanna."

Valentina speaks to the German girl while I am left wondering if I've lost the opportunity to kiss her.
When she ends the call she looks at me and says, "We have to go. Yuki and Joanna have

algo importante que enseñarnos.

Cuando llegamos a
5 Trabalenguas –la escuela de idiomas– Yuki y Joanna están esperándonos. Nos ven y corren hacia nosotros.

10 —¿Qué pasa, chicas? —les pregunta Valentina a Yuki y a Joanna—. ¿Qué tenéis? ¿Qué es tan importante?

15 Yuki saca su teléfono.

—Mira, Sam... ¿Sabes que me gusta grabar vídeos con mi móvil?
20
—Sí, sí, me acuerdo pero ¿qué hay en el vídeo? —le pregunto.

—Vi algo. Algo sorprendente...
25

La japonesa me mira fijamente y estoy seguro de que va a decir que ha visto al ladrón y que *yo*
30 *soy* el ladrón.

«¿Puedo ser yo el delincuente... un criminal? Soy gracioso y

something important to show us.

When we arrive at Tongue-twisters – the language school – Yuki and Joanna are waiting for us. They see us and run towards us."

"What is it, girls?" Valentina asks Yuki and Joanna. "What have you got? What is so important?"

Yuki takes out her phone.

"Look, Sam…You know I like filming things with my phone?"

"Yes, yes, I remember but what's on the video?" I wonder.

"I saw something. Something surprising…"

The Japanese girl stares at me and I'm sure she is going to say that she's seen the thief and that *I am* the thief.

*Can I really be the delinquent ...a criminal? I am funny and*

valiente, lo ha dicho
Valentina».

*brave, Valentina said so.*

5 Me acuerdo otra vez de la
tarjeta de crédito que tengo en
mi cartera.

I remember again the credit
card I have in my wallet.

«En verdad, no soy valiente,
*soy* un criminal».

*The truth is that I am not brave,*
*I am a criminal.*

10 «Soy un ladrón».

*I am a thief.*

Siento pánico mientras Yuki
busca el vídeo...

I start to panic as Yuki looks
for the video.

15 —Mira a Hassan cantando... —
dice la japonesa.

"Look at Hassan singing…"
says the Japanese girl.

Todos estamos mirando el
vídeo con mucho interés.

We're all watching the video
with interest.

20

El vídeo empieza con Hassan
cantando y tocando la guitarra.
«Canta bien», pienso.

The video starts with Hassan
singing and playing the guitar.
*He sings well*, I think.

25 —Y ahora llegan los chicos... —
—dice Yuki.

"And now the boys arrive…"
says Yuki.

—Ahora, mientras los chicos se
pelean, ves que la viejecita –la
30 vagabunda de la plaza– viene...

"Now, while the boys are
fighting, look at the old lady –
the homeless lady from the
square – arrives…"

Lentamente la mujer vieja de la plaza aparece en el vídeo. Parece que está recogiendo basura.

5

«¿Por qué la miramos?», me pregunto.

En el vídeo veo al amigo de Iván gritando a Hassan y la viejecita pasa por detrás y…
—¡Está robando bolsos y
10 metiéndolos en su carrito! — grito aliviado.

«¡Es la ladrona!».

15 La viejecita de la plaza es la ladrona y... digo sin querer:
—¡Yo no soy el ladrón!

Yuki, Joanna y Valentina me
20 miran.

—¿Qué? —dicen juntas.

Avergonzado, no sé qué decir y
25 cambio de tema:
—Tenemos que mostrarle el vídeo a tu tío Víctor —digo al final.

30 Valentina y Yuki se miran.

Slowly the old lady from the square appears in the video. It looks like she's collecting rubbish.

*Why are we watching her?* I wonder.

In the video, I see Ivan's friend shouting at Hassan and the old lady walks behind them and… "She's stealing bags and putting them in her trolley!" I shout, relieved.

*She is the thief!*

The old lady from the square is the thief and…I say unintentionally, "I am not the thief!"

Yuki, Joanna and Valentina look at me.

"What?" they say together.

Embarrassed, I don't know what to say and change the subject. "We have to show the video to your Uncle Victor," I say at last.

Valentina and Yuki look at

Están pensando en algo.

Al final Valentina nos dice:
5 —¿Qué creéis vosotros que la viejecita hace con el dinero que roba?

—Comprar comida, probablemente —contesto
10 honestamente.

—¿Y los turistas, como la rusa, a los que les ha robado?

15

—Pues, posiblemente, comprar tonterías... joyas... oro...

—¿Y entonces? —Me mira
20 fijamente a los ojos. La entiendo.

Los turistas no necesitan tanto dinero y la viejecita tiene que
25 comer.

Vamos a hablar con la viejecita para que no lo haga más, pero no le vamos a decir nada a
30 Víctor.

De todas formas, no tengo

each other. They are thinking something.

In the end, Valentina says to us, "What do you think the old lady does with the money she steals?"

"Buy food, probably," I answer honestly.

"And the tourists, like the Russian lady, whom she robbed?"

"Well, possibly, buy silly things…jewels..gold…"

"And therefore?" she stares into my eyes. I understand her.

The tourists don't need all that money and the old lady needs to eat.

We go to speak with the old lady so she stops doing it, but we aren't going to say anything to Victor.

In any case, I have no desire to

ganas de volver a la comisaría, así que Valentina y yo optamos por caminar a la plaza.

5 —Una cosa, Sam —me dice—, ¿por qué dijiste «no soy el ladrón»?

La miro y sus ojos me
10 embrujan. Se lo explico todo. Desde el dinero que tengo en mi cartera hasta la tarjeta de crédito que no tiene mi nombre.

15 Lo saco todo para enseñárselo.

—¿Ves? —le digo—. ¿Cómo es que tengo tanto dinero y una tarjeta que tiene el nombre de
20 otra persona?

—A ver —me dice con interés mientras saca la tarjeta—. Me suena de algo. No es el nombre
25 de una persona, creo que es el nombre de un negocio...

Llegamos a la plaza y veo a la viejecita sentada en un banco
30 con su carrito.

Nos acercamos despacio. No sé qué va a hacer.

return to the police station, so Valentina and I choose to walk to the square.

"One thing, Sam," she says, "why did you say 'I'm not the thief?'"

I look at her and her eyes cast a spell on me. I explain everything. From the money in my wallet to the credit card which isn't in my name.

I take it all out to show her.

"You see?" I say to her. "How come I have so much money and a card with someone else's name?"

"Let me see," she says intrigued as I pull out the card. "It sounds familiar. It's not the name of a person, I think it's the name of a business…"

We arrive at the square and I see the old lady sitting on a bench with her trolley.

We approach slowly. I don't know what she is going to do.

—Señora... —dice Valentina.
—¿Podemos hablar con usted?

"Ma'am…" says Valentina.
"Can we speak with you?"

La viejecita no contesta.

The old lady doesn't answer.

5

—¿Señora? —repite Valentina.
—Somos amigos. No queremos
molestar.

"Ma'am?" repeats Valentina.
"We are friends. We don't
want to bother you."

Nos mira de reojo pero no
10 contesta.

She glances at us but doesn't
answer.

—Señora, sabemos lo que hace.
Roba los bolsos de los turistas.

"Ma'am, we know what you are
doing. You steal tourists' bags."

15 La viejecita se levanta enfadada
y coge su carrito. Me mira y
balbucea:
—¡Pe-pero te conozco, joven!
¡Eres el chico que tuvo un
20 accidente con el coche verde
ayer!

The old lady stands up angrily
and grabs her trolley. She looks
at me and stutters, "B-but I
know you young man! You're
the boy who had the accident
with the green car yesterday!"

—Sí, sí, soy yo pero estoy bien
aho- —Pero la viejecita me
25 interrumpe.

"Yes, yes, that's me but I'm
okay n—" but the old lady
interrupts me.

—Tengo algo tuyo en mi
carrito...

"I have something of yours in
my trolley…"

30 Valentina me mira y dice:
—Nos tenemos que ir... —Pero
yo quiero saber de que está

Valentina looks at me and says,
"We have to go…" but I want
to know what the old lady is

hablando la viejecita.

—¿Qué es lo que tiene usted, señora?

5 No me hace caso pero todavía sigue hablando entre dientes, más animada ahora:
—Había un hombre contigo, ese hombre con el tatuaje de
10 serpiente… Y luego vino el coche verde y ¡catapum! Te tiró al suelo...

—¿Qué hombre?
15

No había pensado que alguien hubiera visto mi accidente.

—Álvaro… —Valentina dice
20 bajito.

Pero la viejecita no contesta. Está buscando algo en su carrito.
25

—Encontré esto en el suelo... —dice—, después del accidente.

Me da algo que parece un
30 papelito. Lo miro y veo que no es un papel. Es una foto antigua. Una foto de una mujer

talking about.

"What have you got, Ma'am?"

She ignores me but she's still mumbling something, more animated now, "There was a man with you, that man with the snake tattoo…and then the green car came and – wham – it knocked you down."

"What man?"

I hadn't thought that someone had seen my accident.

"Álvaro…" says Valentina quietly.

But the old lady doesn't answer me. She's looking for something in her trolley.

"I found this on the floor…" she says, "after the accident."

She gives me something that looks like a slip of paper. I look at it and see that it isn't a slip of paper. It's an old photo. A photo

joven.

—¿Es tu novia? —pregunta
Valentina de golpe, pero niego
5   con la cabeza.

La foto es vieja y está
descolorida.

10  No es mi novia, pero no sé
quién es.

Miro a la viejecita y le digo:
—Gracias.
15

No me mira pero dice:
—Yo era bailarina, ¿sabes? Me
llamo Carmen…Y jovencito…
ten cuidado. El hombre con el
20  tatuaje es muy peligroso —me
dice.

Intento contestar pero se va con
su carrito.
25

El reverso de la foto está
manchado pero hay un nombre.
No se ve claramente pero
parece que dice: «Lorena»
30

—¿Qué significa? —pregunto a
Valentina—. ¿Y por qué

of a young woman.

"Is that your girlfriend?" asks
Valentina all of a sudden but I
shake my head.

The photo is old and
discoloured.

It's not my girlfriend, but I
don't know who it is.

I look at the old lady and I say,
"thank you."

She doesn't look at me but she
says, "I was a dancer, you
know? My name is Carmen…
And young man…take care.
The man with the tattoo is very
dangerous," she says to me.

I try to reply but she leaves
with her trolley.

The back of the photo is stained
but there is a name. One can't
see very well what it says but it
looks like, "Lorena."

35  "What does it mean?" I ask
Valentina. "And why was I

hablaba yo con Álvaro? No lo conozco…

Coge la foto y contesta un poco
5 enojada:
—No tengo ni idea, pero ahora creo que debemos volver a casa.

talking to Alvaro? I don't know him…"

She takes the photo and answers a little annoyed, "I have no idea, but now I think we must go back home."

# CHAPTER 6

*Sam vuelve al hostal, pero no todo está bien*

Cuando llego a La Posada de Manolo estoy realmente cansado y confundido.

When I arrive at Manolo's Inn, I am really tired and confused.

5 Fuera hay un coche verde –¡un coche verde!– pero es medianoche, estoy agotado y, por hoy, no quiero más aventuras.

Outside there is a green car – a green car! – but it's midnight, I'm exhausted and, for today, I don't want any more adventures.

10

«Debe ser simplemente *otro* coche verde».

*It must be simply another green car.*

No hay nadie en la recepción.
15 Valentina dice que tiene que ir a buscar a su hermano que también trabaja en la posada.

There is no one in reception. Valentina says she has to go and look for her brother who also works at the inn.

—¿Tienes hambre? —me
20 pregunta sin prestar atención, pero yo solo quiero dormir.

"Are you hungry?" she asks me without paying attention, but I just want to sleep.

Ha sido otro día agotador. Ayer tuve un accidente, hoy por la
25 mañana tuve una aventura con la policía y, ahora, encuentro una foto misteriosa.

It has been another exhausting day. Yesterday I had an accident, today in the morning I had an adventure with the police and, now, I have found a mysterious photo.

30 «No puedo más».

*I can't take any more.*

«Necesito dormir».

*I need to sleep.*

Doy las buenas noches a
Valentina y espero un momento
para ver si me da un beso, pero
no, ahora está trabajando.

5

Subo la escalera hacia mi
habitación. Habitación número
trece.

10 Estoy cansado y un poco triste.

Pienso en la cara de Valentina,
en su boca tan dulce, en el
aroma embriagador de su
15 perfume pero todo... todo está
en el pasado ahora.

«¡Qué lástima!».

20 No hay nadie en el pasillo pero
la puerta de mi habitación está
abierta. Probablemente, Hassan
haya olvidado cerrarla.

25 Me acerco a la puerta. La luz
está apagada. No quiero
encenderla porque Hassan debe
estar dormido.

30 Dentro apesta a sudor. No
puedo ver nada.

---

I say goodnight to Valentina
and wait for a moment to see if
she'll give me a kiss, but no,
now she is working.

I go up the stairs towards my
room. Room number thirteen

I am tired and a little sad.

I think of Valentina's face, her
sweet mouth and the heady
aroma of her perfume but
everything…everything is in
the past now.

*What a shame!*

There is no one in the corridor
but the door to my room is
open. Hassan probably forgot
to close it.

I approach the door. The light
is off. I don't want to turn it on
because Hassan must be asleep.

It stinks of sweat inside. I
cannot see anything.

Poco a poco mis ojos se ajustan a la oscuridad. Está todo desordenado.

Little by little my eyes adjust to the darkness. Everything is messy.

5 Más que desordenado, está todo revuelto.

More than messy, everything is turned upside down.

Miro hacia la cama de Hassan y no está allí. Enciendo la luz y 10 veo que mi bolsa de viaje, mi ropa y mis papeles están por todas partes.

I look over at Hassan's bed and he's not there. I turn on the light and see that my travel bag, my clothing and my papers are all over the place.

Me paro y me pregunto: 15 «¿Qué está pasando?».

I stop and ask myself, *what is happening?*

«¿Alguien busca algo?».

*Someone is looking for something.*

20 «¿Pero quién?».

*But who?*

«Y, ¿qué quieren encontrar?».

*And what do they want to find?*

Giro la cabeza y un escalofrío 25 me corre por el cuerpo. En la pared hay un mensaje escrito en pintura roja.

I turn my head and a shiver runs through my body. On the wall there is a message written in red paint.

Un mensaje amenazador y de 30 tono enfadado:

An angry and threatening message:

«¡VUELVE A TU PAÍS!».

"GO BACK HOME!"

Printed in Great Britain
by Amazon

14005737R00038